QUEDARSE A VIVIR

QUEDARSE A VIVIR

Carmen Ruiz Fleta

PRENSAS DE LA UNIVERSIDAD DE ZARAGOZA

© Carmen Ruiz Fleta
© De la presente edición, Prensas de la Universidad de Zaragoza
(Vicerrectorado de Cultura y Patrimonio)
1.ª edición, 2025

Colección La Gruta de las Palabras, n.º 134
Director de la colección: Fernando Sanmartín

Ilustración de la cubierta: Jesús Cisneros

Prensas de la Universidad de Zaragoza. Edificio de Ciencias Geológicas,
c/ Pedro Cerbuna, 12. 50009 Zaragoza, España. Tel.: 976 761 330
puz@unizar.es   http://puz.unizar.es

une   Esta editorial es miembro de la UNE, lo que garantiza la difusión y
         comercialización de sus publicaciones a nivel nacional e internacional.

ISBN 979-13-7014-014-4

Impreso en España
Imprime: Servicio de Publicaciones. Universidad de Zaragoza

Depósito Legal: Z 1570-2025

A la niña que fui,
y a la que ahora creo que era.
A todos los borrones y las cuentas nuevas.
A lo que ha quedado

Temo
ese lugar que tengo
en la memoria de otros.
Me recuerda cosas
que yo misma he olvidado.

Tove DITLEVSEN

TODOS LOS VESTIDOS VERDES

Mi armario cobija
un conjunto aleatorio
de vestidos verdes,
y la memoria de las prendas ausentes
que me ciñeron en los días grandes
y en los días pequeños.

Hoy, por ejemplo, me he puesto
el vestido verde
del velatorio de mi padre.
Lo he llevado
mientras conducía sola
entre provincias de interior,
y a las ventanillas asomaba
una primavera
que me ha pillado desprevenida.

Cubierta con el vestido verde
del velatorio de mi padre,

he compartido tiempo y palabra
con hombres y mujeres
a quienes mi vida les resulta indiferente.
Desconocidos a los que no se les debe importunar
informándoles de que, por fuera,
me parezco mucho a la que
aquel día despidió para siempre
a su raíz, su tronco y sus ramas.

A mi padre no le gustaba
aquel vestido verde
que mi madre me cosió aprisa
para la función del colegio.
Con el tiempo me he dado cuenta
de que las manos de mi madre
confeccionan universos
sin darse importancia,
un don natural
semejante a una ley física:
la decantación,
la termodinámica,
la gravedad.

Aquel vestido verde
quedó tendido,
secándose al viento de una adolescencia
tardía y teatral.

He sentido el tacto ansioso
de la lascivia
sobre el tejido verde
antes de dejarlo caer,
convertido en charco textil
de habitaciones en penumbra.

Un día me puse un vestido verde
para hablar con guardias civiles
y pasar desapercibida.

Un día me puse un vestido verde
para hablar con políticos
y uno me quiso llevar a la cama.

En el armario guardo vestidos
que sé que nunca más me pondré.

Cuidadosamente,
en cada cambio de estación,
los pliego y los guardo.
O los plancho y los cuelgo.
Y así, año tras año,
como un sortilegio de tiempo,
o una manera diferida
de preparar mi funeral.

No quiero imaginar el día
en que se le descosa el dobladillo
a mi vestido verde
y mi madre esté demasiado lejos.

ASINCRONÍA

Pienso que mis padres nunca estuvieron en Venecia
y que ya nunca podrán estar.
Su mapa de lugares extraordinarios
es mucho más reducido que el mío
e infinitamente más pequeño que el de mis hijos.
Quizá nos asomamos demasiado pronto
a ciudades incalculables.
A destinos que solo pueden ser comprendidos
en toda su inmensidad
con cincuenta, sesenta, setenta años.

La belleza nos vuelve lúcidos.
Ojalá Venecia curando el alzhéimer.
Ojalá neurólogos prescribiendo auroras boreales.
Ojalá pastillas de blanco de Siracusa.

Se nos presenta la belleza demasiado pronto
y la despreciamos.
Escupo a la demencia que nos impide disfrutar de las
                                                    [ciudades

cuando mejor sabríamos degustarlas.
Escupo a la muerte que deja a los impares
sin nadie a quien abrazarse
al abrigo del Gran Canal,
un 12 de marzo
de este año, por ejemplo.

Mi madre se sabe de memoria
los álbumes sepia
y los planos mal doblados
de carreteras que no existen.
Calles que llevaban
a geografías cercanas.
Coches ventanillas abajo
que hacían pensar en tiempos mejores.
Playas de clase media,
la foto en la plaza mayor,
una juventud radiante y dolorosa.

Aquello también era bello,
aunque no sé si recordarlo cura.

TURISTAS

En todas las ciudades nos enamoramos,
y todas las ciudades nos abrigan.
Deberíamos estar viajando siempre,
adoptar la condición
de turista permanente,
y amarnos en los hoteles
con vistas a los grandes ríos de las ciudades.
No tendríamos tiempo de escribir
porque solo viviríamos
para admirar la belleza
y para escrutar el signo del tiempo
en las piedras.

Aprender a beber vino tinto
en plazas porticadas
sería nuestra singular e importantísima tarea.
Dejarnos mecer por desconocidos mistrales,
la última misión.

Morir, quizá, lúcidos, aunque viejos
en cualquier habitación
lejos de casa.

SAGA

Hay noches como esta
en las que veo trajinar
a mi bisabuela en la cocina.
No la conocí,
pero decían que el luto
le llegaba al tuétano
y al blanco de los ojos.

Veo a mi abuela cría
cuidando corderos
y saltando a la comba.
Intuyo en blanco y negro
esa cuarta parte de mi genoma
medio siglo antes
de que yo naciera.

Mis alpargatas se manchan
de polvo de un camino
de ida y vuelta

y ahí va mi madre,
feliz a darme a luz,
ignorando aún
los zarpazos de otros partos,
sin saberse heredera
de la coraza infinita
de las mujeres de su saga.

Hay noches como esta
en las que un escalofrío
me nubla el alma,
y abrazo a mi hija
como para protegerla
de todos los infortunios
del oscuro de los tiempos.

MATERNAL

Pensar que sí, que mereció la pena
la vida al fin y al cabo.
Rebelarse cantando y maldiciendo,
cocinando para diez,
acudiendo a dar un beso apresurado
a una mejilla infantil
antes de que el autobús parta
a las siete de la mañana.

Gritarle al árbitro
que ya vale de faltas,
que hace tiempo debió expulsar
a ese rugido de muerte
que araña desde cría.
Caminar digna y trenzas tensas
frente a las que entraban al colegio
por la otra puerta.
Sostener el candil
cuando aparecía el hijo pródigo.

Amar a los padres
en tiempos esquivos para quererse.
Tragar el aceite ácido
para cuidar a la tribu,
viva y muerta.
Pensar siempre en flores frescas.

Condensar todo el amor del mundo
en el papel de plata
que envuelve un bocadillo.

ALEGRÍA

Se os escapa por los ojos
y por la boca
Incontenible y lúcida,
vuestra alegría es voraz
Y coloniza las tierras agrestes
de los adultos.
Vuestra risa me aleja
de lo que no quiero ser
y me hace viajar
al presente presente,
ese que olvidamos con los años,
que nos despoja de adornos
y nos deja desnudos
ante relojes parados.

Os derramáis en juegos y
en canciones,
en decibelios y bailes.
Sois poderosos y persuasivos,

desconocéis el pudor
y abrazáis con el cuerpo entero,
como la noche abraza las constelaciones.

Sois el muro contra los muros,
el fuego de San Juan
la novela que no escribiré nunca.

Voraz alegría
colonizadora impúdica seductora,
lo mejor
que le ha ocurrido
a mi vida.

ME GUSTARÍA

Me gustaría escribiros un poema
del que os sintierais orgullosos
y leéroslo en una noche atlántica
Ataros así a la memoria,
para siempre,
el equipaje del padre y de la madre.
Una genética de letras y paisajes
que perfeccione el ADN
y os construya un lugar seguro al que acudir
cuando seáis adultos
y se os resquebrajen los espejos.

Me gustaría escribiros un poema
que no os pesara,
que os aligerara la vida.

No quiero levantar para vosotros
un palacio de nostalgia.
Habéis de saber

que en este presente
también hay insomnios y deudas
y dudas y miedos.

Cuando tengáis mi edad ahora
y regreséis a este día,
tened en cuenta
que los mayores éramos frágiles
y que, sí,
todos parecemos más fuertes en las fotografías.

Me gustaría escribiros un poema
que supiera decir el amor
que no sé decir yo.

A TODAS OS AMO

Os leo a todas.
A todas os amo.

Quiero ser vosotras.
Quiero escribir
vuestras novelas,
vuestros puntos y comas,
vuestros signos de interrogación,
de apertura y cierre.
Sufrir las vejaciones
que os llevan
a crear tanta belleza.
Ser salvajemente humillada,
violada por la turba,
hasta encontrar la materia
que hace crecer vuestros versos.
Versos que no manan
ni de esta presbicia,
ni de esta menstruación indómita.

Poesía que no asoma
a este pasar de agenda llena y
tiempo vacío.

Quiero ser vosotras,
pero ya inventé todos los secretos
que les son permitidos a las buenas chicas.
Aun así, no renuncio
a escribir alguna línea desvalida
entre compra y compra en Zara *online*
mientras los lomos de la estantería
se agitan como riéndose,
y los oídos me zumban desde el pasado.

Quiero ser vosotras,
pero me descoyunto en el calendario
y no encuentro la épica
en mis manos impolutas;
ni en mi trabajo,
ni en mi cama.
Tened por seguro
que a todas os leo

y a todas os amo,
aunque mi homenaje se ciña
a una ensoñación,
o, mejor,
a una envidia.

PEQUEÑA

Desprenderse de la luz,
si es que algún día la hubo,
y matizar todo brillo,
por si se escapara algún destello.

Ser perezosa, frívola, superficial.
Empequeñecerme a conciencia.

Acatar órdenes absurdas sin chistar.
Asentir con la cabeza embridando el verbo.
Aplaudir con la mirada y vomitar remordimientos.

Sonreír en exceso.

No complicarme la vida.
Darle la razón a mis antagonistas.
Aparentar.

Reírles las gracias a los chulos.

Ser irrelevante y disfrutarlo.
Escribir la dosis mínima
para ir tirando.

COSTUMBRES

De vez en cuando
celebramos una fiesta.
Y convocamos al pasado
para que nos recuerde
por qué nos queremos.

No hace falta hablar mucho,
solo escuchar.

Escuchar los recuerdos al oído,
e iniciar la letanía de caricias.

PUENTE

Quiero que esta tarde de abril
sea el último recuerdo lúcido
que sobreviva a la demencia.
Poder decir «estuve allí
era yo, éramos nosotros».
Una certeza postrera
que cosa un puente entre lo que fui
y lo que seré
como es ahora andamio
que me aleja del subsuelo hostil
del silencio hostil
de este cotidiano callar mirar esquivar.
Antes de perderme del todo,
derramados ya los licores y los días,
cuando ya no quede tiempo
de pedir permiso
ni de pedir perdón,
quiero que esta tarde
me mire a los ojos

muy quietas las dos
y me responda que valió la pena
vivir.

6.º DE EGB

Cada cual con sus mortajas y sus brillos.
La niña impasible
ante al olor a viernes tarde
que invadía los pasillos del colegio,
brillaba a oscuras
mientras todos dormían.
Su corazón se incendiaba
de fantasías y relatos
que curaban las heridas
que dejaba la jornada.
El parte de guerra incluía
la amargura de la envidia,
los rumores entre pupitres
y alguna mentirijilla
que provocaba ardor de estómago.
Nunca una tarea sin hacer.
Nunca un desaire a la autoridad.
Nunca una decepción.
Cuando el sueño tardaba en llegar

contaba ovejas
que caían al canal
y se ahogaban.
Aquel balido fúnebre
no era arrullo para una niña,
era canción de mortaja para un sueño,
era temblor de manos en un piano,
era el consabido envés de los destellos.

PRESBICIA

Se me desenfocan los ideales,
los mitos, la fe.
El equipo de mi vida
los apoyos inquebrantables
los autores de culto.
Los principios
los finales
y las metas volantes.
Lo incuestionable
el derecho natural
la biología.

La palabra.

Achaco a la presbicia
esta ausencia de claridad.
Esta confusión de los contornos
que funde las consonantes
en una sopa ilegible.

Los números,
en una ecuación insondable.
Los paisajes,
en un lienzo inacabado.
Son borrosas las venas de las manos
las listas de la compra
las listas de invitados
las listas de espera.

Las listas más listas
resultamos ser las más bobas,
empeñadas en trazar
límites y normas
que la vista cansada
se empeña en carcomer.
Cierto es que veo menos,
pero también sé más que entonces,
cuando el cristalino lucía terso
como la faz de los bones.

DISTANCIA

Es esta distancia
—la que va de la potencia al acto—
la que distorsiono de forma inconsciente.
Lo hacemos todos,
imagino,
para sobrevivir.

El caso es que
habito en la certidumbre
de la reversibilidad.
Esto es,
aún llego a tiempo
de ser quien me imagino que soy.
Y esta ilusión
hace más llevadera
la cola del supermercado
y suaviza el dolor de cervicales.

Sé que aún hay tiempo,
que llego a tiempo

de subirme a un avión
y llegar a una playa
y caminar sobre las aguas
con el pasaporte de Cristo,
y en mis pies con juanetes
alcanzar un islote de oro,
donde sí,
allí sí,
ser.

Aquellas cintas TDK
—las buenas, las de 90 minutos—
distorsionaban ligeramente
mi canción favorita
a cada rebobinado.
Ese desafinar aleteaba en mi oreja
hasta hacerla más hermosa.

No sé qué me ha traído a la cabeza
aquellas disonancias analógicas
en esta tarde de sábado
en la que las hormigas de lo que creí ser

me muerden el pecho
mientras asumo aliviada
que ya es mejor no llegar a tiempo
de ciertas cosas.

TODOS LOS VERANOS EL VERANO

Todos los veranos
y las playas
y las noches de verbena
al olor de las brasas.
Todas las tardes al sol
en las que nos ofrecíamos en sacrificio
a un presente
que creíamos eterno.
Todos los susurros
las caricias y las danzas,
las melancolías y los agostos,
las pasiones y los días.

Por la ventana del hospital,
contemplo el cemento abrasado y
la plaza desierta al sol de mediodía.
Desde aquí no atisbo
el termómetro afiebrado
ni los árboles recién plantados
como amuletos cojos frente a la desgracia.

Recuerdo las fotos de los veranos que fueron
como vidas ajenas.
Han dejado de pertenecerme ya
todos los tiempos
y todos los lugares.
En este estío despiadado
solo existís esta ventana,
tu sueño tranquilo
y las pulseras que tejemos
para distraer las horas.

SOMNOLENCIA

Hubo un tiempo
en el que los atlas me decían
el camino que seguir.
Transportaba los países a mi escala
y viajaba entre meridianos y trópicos
guiada por la brújula de los pulsos
y las ficciones.
Enredando las hebras
de los amores y los días,
perdí ese don
y me descubrí
en mitad del océano
sin mapa, ni bitácora, ni barco.

De qué me sirve ser sabia
si me pierdo en el pasillo de casa.
Para qué escribir metáforas brillantes
si lo que deslumbra son
la noche y sus fantasmas.

Dónde estaba el manual de instrucciones
cuando estrellé el coche aquella mañana.

Dónde estaba yo,
dimitida de mí misma,
convocada por la vida a un festín,
de frágiles mariposas amarillas.

REENCUENTRO EN UN *PARKING*

No estaba escrito
que esa tarde nos fuésemos a encontrar.
El azar eligió un lugar inhóspito
para ponernos frente a frente
dos décadas después.
Podría haber escogido
algo más acorde a lo que fuimos:
una cafetería con mesas gastadas
una estación
un parque de sábado por la noche,
en lugar de un aparcamiento subterráneo
de un insípido martes.

Más viejos, claro,
acertamos a sonreírnos
y a recordar las tempestades
que nos hicieron crecer de golpe.
Hicimos inventario del presente,
y nos cercioramos del pasado:
sí, nos quisimos mucho.

Innecesariamente, nos pedimos perdón.
Reparamos en que conducíamos
el mismo modelo de coche.
Detalles apócrifos
para retrasar una despedida torpe
que nos dejó el sabor metálico
de sabernos con más pasado que futuro.

¿DÓNDE QUEDÓ?

Hay tesoros que preservaré
cuando la tempestad me arrolle.
Por ejemplo, sé que no sucumbirán al olvido
los primeros sábados por la tarde
y el maquillaje torpemente estrenado
en el rostro con acné.
Perdurarán aquel afán por encajar
y aquella madriguera de rarezas
desde la que sobreviví a la adolescencia.
La amistad era una pista de hielo,
el deseo era solo
el deseo de ser otra,
y el amor era materia
reservada a las ficciones.
Preservaré en sinapsis arrinconadas,
las llamadas para hacer planes
y las confidencias exageradas
con las que amordazar el aburrimiento.

Guardaré todo aquello,
pero olvidaré este mediodía.
Esta comida obligada
en la que competimos
por aburrirnos mutuamente
hablando de los hijos,
del trabajo, de política.
Apartaré este asombro
que certifica la distancia
para regresar al punto de partida.
Ojalá brindar contigo antes de la riada
por este hilo tenue
que un día nos unió tanto.

TEATRO PERO POCO

Todos los escenarios
de todos los teatros
de todas las ciudades
—de las más hermosas ciudades—
de esculpidas escalinatas
de mármoles pulidos,
dejádmelos para mí sola.
Porque esta noche
mi función es universal
y delicadísima.
Declamaré versos de media luna
ante el público ausente
—se cansó de esperarte y se marchó—
ante el público exasperado
que ahora reclama el dinero de su entrada.
El público, ofendido y reincidente,
—doblemente engañado—
se marcha a casa mascullando,
y se detiene a tomar un vino tinto

antes de ir a dormir.
Todo era mucho más sencillo,
más natural y más barato
cuando la impostura era honesta.

HOLTER

Descuento latidos
como si me hubiesen diagnosticado
una enfermedad terminal,
como si el calendario tuviera término.
No es el caso.
Este zumbido al despertar
es una alarma molesta
que no me impele
al *carpe diem,*
ni me hace mejor persona.

No voy perdonando los pecados
ni buscando expiación.
Es, por tanto, un aviso baldío,
una noticia absurda,
una obviedad cotidiana
que me martillea
a eso de las seis de la mañana.
Todos y cada uno de los días.

Con frecuencia
el frenesí doméstico que sigue
hace que olvide
que queda un día menos para morir.
Yo solo les pido a mis hijos una cosa:
que me sobrevivan.
Y ya después conmigo que hagan lo que quieran.
Que me abracen en vida,
que ya vendrá la muerte
a burlarse de todos.

ESA INTUICIÓN OSCURA
DE LOS VERANOS

El sol fosilizado naranja
me recuerda las tardes aquellas
en las que todo estaba por estrenar:
el verano el amor el paisaje.
La mano recorriendo
los lugares misteriosos
que albergaban otras pieles,
y el vuelo de una falda
en el que cabía
un laberinto de anhelos.

Un rumor de desgracia
acechaba siempre en los estíos
en forma de accidente de tráfico
de enfermedad
o de suicidio.
Era el aleteo oscuro
de las urracas

que venía a ponernos
en frente de la vida.
«Eh, chicos. Esto no es eterno».
Hacíamos como que no escuchábamos,
que no veíamos,
porque siempre quedaba un libro por leer,
un cine que visitar,
una ciudad que conocer.
Y porque éramos jóvenes, hermosos y brillantes.

Éramos las vértebras de una nueva criatura,
la columna de un tiempo que creíamos infinito.
Este sol fosilizado naranja
se derrama ahora en el salón de mi tarde
como un pantano pretérito
que me recuerda aquella que fui.

ENSAYO FRENTE AL ESPEJO

Me leo a mí misma
con distintos acentos,
como si esperara
que el timbre argentino,
gallego o guanche
descubriera profundidades nuevas
en mis versos viejos,
y lo único que consigo
es un ridículo políglota
y un eco que devuelve el vacío.
Por eso lleno mi cabeza
de sonidos que enmudezcan
lo que un día de poesía hubo en mí.

«Escribir desnuda lo que callo vestida».
Ya, y qué más.

ÚLTIMO VUELO

Hay un pueblo en la India
donde los pájaros vuelan en círculos
antes de estrellarse contra el suelo.
Como cuando nos proclamamos distintos
al vernos en las miserias de otros,
y nos suicidamos sin saberlo
trazando rutas concéntricas.

No queremos ser «los demás»,
pero una vez sobre la acera,
todos nos acabamos pareciendo.

AL POETA F. J. F. S

No eres poeta y haces versos.
Vives y estás muerto.
Sí, a ti te digo,
a ese que se asoma al espejo.

F. J. F. S.

Él era poeta.
Se desangraba en versos
en un país que ya no existe,
y escribía cartas de amor
de las que guardaba copia
en papel de calco.

En sus sueños se le aparecían
todos los grandes:
Machado, Lorca.
León Felipe, Gabriel Celaya.
Pero el que más, Miguel Hernández.

Él era poeta.
Siempre estaba solo.
Y siempre con una madre a la que regresar.

Se enamoró
y quiso tener hijos
y se desesperó por no tenerlos,
y le contaba su tristeza
a una guitarra que no sabía tocar.

También les contaba sus desvelos
a los poetas fantasmales.
Y ellos le contestaban,
porque sabían que era uno de los suyos.

Un respeto al poeta F. J. F. S.

Anduvo en cien mil sitios
que no contaré aquí.
Es curioso que los genes exijan
su cuota de orgullo
y pateen el hígado
mientras escribo sobre el poeta.
No quieren que diga
porque escuece.

No diré.

Recojo su voz en carpetas azules
escritas antes de que yo naciera
y escuchadas a la edad
a la que él nunca llegó.
Tiembla mi prehistoria,
y el ADN entero se me agita.
Borbotón de preguntas
que se seca en la boca.
Pero no tengo derecho
a restañar mis vacíos
con tus heridas.

En la duermevela,
Miguel Hernández le pedía opinión
sobre *Niño yuntero* y *Tristes guerras.*
Él le daba buenos consejos
de poeta a poeta,
y a los dos les ayudaba
a conciliar el sueño.

Poeta,
sangre compartida.
Ojalá todos ellos,

Gabriel, Federico, Antonio, León.
Ojalá Miguel,
te abrazara,
compañero,
en la última vigilia
de la última noche.

INDICE

Este libro
se terminó de imprimir
en los talleres del Servicio de Publicaciones
de la Universidad de Zaragoza
en octubre de 2025

TÍTULOS DE LA GRUTA DE LAS PALABRAS

1 Manuel M. Forega, *Cuerpo de la edad (1981-1985)* (1985).
2 Emilio Gastón Sanz, *Musas enloquecidas* (1987).
3 Julio Alejandro de Castro, *Singladura* (1988).
4 José Antonio Labordeta, *Diario de náufrago* (1988).
5 Javier Delgado, *El peso del humo. (Libro de Horas Profanas)* (1988).
6 Jose Antonio Rey del Corral, *Poemas del sentido* (1988).
7 Javier Barreiro, *Dientes en un cofre* (1988).
8 Manuel Estevan, *Diario del frío* (1988).
9 Manuel Vilas, *Osario de los tristes* (1988).
10 Alfredo Saldaña, *Fragmentos para una arquitectura de las ruinas* (1989).
11 Mariano Esquillor, *Elegías a Fuensanta* (1989).
12 Antonio Ansón Anadón, *Memoria del Limo* (1989).
13 Rosendo Tello Aína, *Las estancias del Sol* (1990).
14 Ángel Petisme, *Habitación salvaje* (1990).
15 Miguel Luesma Castán, *Crónicas del abismo (1988-1989)* (1990).
16 Ana María Navales, *Los espejos de la palabra. (Antología personal)* (1991).
17 Antonio Fernández Molina, *El cuello cercenado. Antología poética* (1991).
18 Fernando Ferreró, *Falacia* (1992).
19 Luis Moliner, *Bethel y Música* (1992).
20 Manuel M. Forega, *He roto el mar (1980-1990)* (1993).
21 Alberto Montaner Frutos, *Teatro de delicias* (1993).
22 Teresa Agustín, *Cartas para una mujer* (1993).
23 Fernando Sanmartín, *Manual de supervivencia. (Consejos inútiles)* (1993).
24 Joaquín Carbonell Martí, *Laderas de ternero* (1994).
25 Enrique Gutiérrez, *Un país sin nadie* (1994).
26 Rolando Mix Toro, *El espejo y tú* (1994).

54 Pablo Martínez Zarracina, *Los invitados* (2005).

55 Pilar Fraile Amador, *El límite de la ceniza* (2006).

56 Fernando Ferreró, *Secuencias y escenarios* (2006).

57 Ignacio Escuín Borao, *Couleur* (2007).

58 Sylvia Solé, *Diacronía del miedo* (2007).

59 Julio José Ordovás, *Nomeolvides* (2008).

60 Martín López-Vega, *Otra vida. Poemas en asturiano 1996-2004* (2008).

61 Rafael Fombellida, *Montaña roja* (2008).

62 Mariano Castro, *El pájaro y la piedra* (2008).

63 Miguel Ángel Ortiz Albero, *Nombrar el lugar, decir silencio* (2009).

64 Javier Delgado, *Amoramorte* (2009).

65 Juan Carlos Elijas Escorihuela, *Cuaderno de Pompeya* (2009).

66 Annabel Martínez Zamora, *Los pájaros que crié en tu nombre* (2009).

67 Jesús Ponce Cárdenas, *Memorial de la sombra* (2009).

68 Isabel Bono, *Ahora* (2010).

69 Juan Antonio Tello, *Cuando fui naufragio* (2010).

70 José Luis Trisán, *Dibujos de poemas* (2010).

71 Almudena Vidorreta Torres, *Lengua de mapa* (2010).

72 J. L. M. Mallada, *Del haz fúgido* (2010).

73 José Ángel Cilleruelo, *Vitrina de charcos* (2011).

74 Ramiro Gairín Muñoz, *Que caiga el favorito* (2011).

75 Fernando Ferreró, *Variaciones sobre un contexto inestable* (2011).

76 Ángel Guache, *Sonámbulo* (2011).

77 Javier Vallín, *La noche sin fronteras* (2011).

78 Laia López Manrique, *Deriva* (2012).

79 Abel Murcia, Gerardo Beltrán y Xavier Farré (selección y traducción), *Poesía a contragolpe. Antología de poesía polaca contemporánea (autores nacidos entre 1960 y 1980)* (2012).